Couscous - Zum Küssen lecker

Die gesunde Alternative aus der Afrikansichen Küche

1. Auflage 2015

Inhaltsverzeichnis

Einleitung

Couscous ist mittlerweile ein relativ bekanntes Lebensmittel. Für diejenigen aber, die sich zum ersten Mal an Couscous herantrauen, soll zu Anfang die folgende Frage geklärt werden: Was ist Couscous überhaupt? Ein Korn? Oder vielleicht Samen? Obwohl wahrscheinlich beides wegen seines charakteristischen Aussehens nahe liegen würde, ist die korrekte Antwort vielleicht etwas überraschend – es handelt sich dabei nämlich und eine Nudelsorte, die in der Maghreb-Region in Afrika heimisch ist. Jahrhunderte lang war Couscous im Mittelmeerraum ein Hauptnahrungsmittel. Ganz zurecht hat es sich aber von seinem Ursprungsort abgezweigt und ist mittlerweile in vielen Küchen rund um die Welt bekannt und beliebt.

Couscous entsteht aus Weizengrieß, das der harte Teil eines Weizenkorns ist. Aus diesem Weizen-Beiprodukt entsteht Couscous indem der Weizengrieß zwischen den Händen gerubbelt wird und zwar so lange bis winzige Körnchen entstehen. Die Körnchen werden durchgesiebt und draußen getrocknet. Anders aber als bei allen anderen Nudelsorten, kommt Couscous gänzlich ohne Teig aus - die einzigen Zutaten sind Weizengrieß, Wasser und viel Sonnenschein. Früher wurde Couscous noch komplett mit der Hand hergestellt. In der modernen Zeit ist das aber nur noch schwer vorstellbar, da der technische Fortschritt auch die Perfektionierung der maschinellen Herstellungsweise mit sich gebracht hat. Das Couscous, das wir also heute auf unseren Tischen stehen haben, hat nicht einen langen Weg der Herstellung hinter sich, wie es noch vor einigen Hundert Jahren der Fall war. Ungeachtet dessen aber ist Couscous in seinen Anwendungsmöglichkeiten so vielseitig wie kaum ein vergleichbares Lebensmittel. Sein

Geschmack und die Konsistenz erlauben eine Mannigfaltigkeit verschiedenster Gerichte und alles, was benötigt wird, ist eigentlich nur Ihre Kreativität!

Die Rezepte in Kapitel 3 gehören zu meinen persönlichen Lieblingsrezepten, die ich in den letzten Jahren gesammelt habe. Sie sollen für Sie eine Inspiration darstellen, Sie dazu anstoßen, verschiedene Dinge mit Couscous auszuprobieren oder die Rezepte miteinander zu kombinieren und neue Geschmacksrichtungen entstehen zu lassen. Ich wünsche Ihnen viel Spaß beim Nachkochen und Ausprobieren!

Kapitel 1: Die drei Sorten des Couscous

Man könnte annehmen, dass alles an diesem scheinbar einfachen Lebensmittel sehr simpel ist. Ist es auch. Es ist einfach in der Zubereitung, demnach sehr zeitsparend und überaus lecker und sättigend. Couscous ist aber nicht gleich Couscous, denn in den Geschäften können Sie drei Sorten davon finden: Marokkanischen, Israelischen und Libanesischen Couscous. Den Geschmack betreffen die Unterschiede zwischen diesen drei Sorten nicht unbedingt; es geht hier vor allem um die Unterschiede in der jeweiligen Größe und Konsistenz. Deswegen folgt ein kurzer Überblick über diese drei Sorten.

- Marokkanischer Couscous: Er ist von diesen drei Sorten die kleinste Version und ist auch am einfachsten zuzubereiten. Ursprünglich ist diese Sorte in der westlichen Arabischen Welt entstanden, aber schon sehr bald zum Hauptnahrungsmittel eben in Marokko, aber auch in Algerien und Tunesien geworden. Der marokkanische Couscous wird meistens zum Fleisch-Gemüse-Eintopf serviert und mit Kümmel und Zimt verfeinert.

- Mit der mittelgroßen Version kommt der Israelische Couscous daher. Der Hauptunterschied bei diesem Couscous ist der, dass er anstatt in der Sonne getrocknet im Ofen geröstet wird. Er hat eine sehr schöne Form und eine angenehm zähe Konsistenz, weswegen er in vielen Restaurants weltweit sehr beliebt geworden ist.

- Den Libanesischen Couscous zeichnet der größte Durchmesser des Korns aus. Wegen seiner spezifischen Größe und längerer Garzeit wird er vor allem in Suppen verwendet. Wenn die Körner des Libanesischen Couscous ganz durchgekocht sind, dann schwellen sie bereits zu kleinen Klößchen an.

In den Rezepten, die Sie ausprobieren werden, werden Sie alle drei der Couscoussorten finden, da bestimmte Zubereitungsweisen eines dieser drei Varianten eher vertragen als die anderen zwei. Sollte im Rezept keine Angabe über die Sorte stehen, dann können Sie sich frei entscheiden, welche Sie benutzen möchten. Achten Sie aber auf eventuelle Verlängerung der Garzeit, insofern Sie sich etwa für diesen Libanesischen Couscous entscheiden. Ansonsten aber sind den Variationen und Ihrer Fantasie keine Grenzen gesetzt. Fassen Sie alle Rezepte am liebsten als einen Anstoß auf, um für sich selbst das Leckerste aus dem Superfood Couscous herauszuholen.

Kapitel 2: Couscous perfekt zubereitet

Als Couscous noch mit der Hand hergestellt wurde, war es noch deutlich komplizierter zuzubereiten als in der heutigen Zeit. Fast alle Sorten von Couscous, die Sie in hiesigen Geschäften kaufen können, sind schon im Voraus getrocknet worden und Sie müssen ihn vor dem Verzehr lediglich noch aufweichen. Die generelle Zubereitung von Couscous ist eigentlich relativ simpel und die Zubereitung der drei im vorigen Kapitel genannten Sorten unterscheidet sich nur geringfügig. Im Grunde genommen lässt man Flüssigkeit aufkochen, gibt den Couscous hinein, bedeckt den Topf und lässt den dadurch entstehenden Dampf einfach die ganze Arbeit machen. Der Couscous ist enorm aufnahmefähig, sodass er die ganze Flüssigkeit aufbrauchen wird.

Der Marokkanische Couscous ist die Sorte von den dreien, die sich am einfachsten zubereiten lässt. Außerdem geht es extrem schnell, und genau diese Tatsache macht ihn in der modernen Zeit so beliebt. Nachdem die ausgewählte Flüssigkeit aufgekocht ist, muss das Couscous hineingegeben werden, der Topf von der Hitze genommen und abgedeckt. So muss es nur kurze 5 Minuten verweilen; nach dieser Zeit einfach mit einer Gabel auflockern und schon ist der Couscous bereit zum Verzehr.

Beim Israelischen Couscous ist die Vorgangsweise etwas anders. Der nussige Geschmack, der so charakteristisch für diese Sorte ist, wird durch kurzes Anbraten in Olivenöl oder Butter entfaltet. Auch braucht er etwas länger als der Marokkanische Couscous und zwar um die 10-12 Minuten.

Die Größe des Korns, die beim Libanesischen Couscous die größte von den dreien ist, wirkt sich bei dieser Sorte deutlich auf die Zubereitungszeit aus. Er muss zwar nicht wie der Libanesische zuerst angebraten werden, jedoch brauchen die Körner des Libanesischen schon mal 30-35 Minuten, um die Flüssigkeit aufzunehmen. Sogar wenn es ganz durchgekocht ist, bleibt diese Sorte des Couscous immer noch relativ bissfest und das ist auch der Grund, wieso er vor allem für die Zubereitung von Suppen oder Eintöpfen verwendet wird.

Kapitel 3: Häppchen und Beilagen

Couscous-Reibeplätzchen mit Pesto und Feta

<u>Zutaten</u> *(für 6-8 kleine Plätzchen):*

240 ml Gemüsebrühe

175 g Marokkanischer Couscous

1 Ei, leicht verrührt

2 EL Basilikumpesto

85 g Fetakäse

4 Frühlingszwiebeln, geschnitten

2 EL Olivenöl

Zubereitung:

In einem mittelgroßen die Gemüsebrühe zum Kochen bringen. Das Couscous dazugeben und den Deckel drauf stellen. Sofort von der Hitze nehmen. Den Couscous so abgedeckt etwa 5 Minuten dünsten lassen oder bis er alle Flüssigkeit aufgenommen hat. Ihn dann leicht abkühlen lassen und dann das Ei und das Pesto hineingeben und gut miteinander verrühren.

Den Fetakäse vorsichtig unterheben und auch die Frühlingszwiebeln dazugeben. Beiseite stellen.

In einer großen Pfanne das Olivenöl bei mittlerer Stufe erhitzen. In der Zwischenzeit aus der

Couscous-Mischung einzelne Bratlinge formen, um etwa 6-8 Stück zu erhalten. Die Hände sollten vorher befeuchtet werden, damit die Mischung nicht an den Händen kleben bleibt. Die Bratlinge nun etwa 3 Minuten auf jeder Seite braten oder bis sie goldgelb sind. Servieren

Gefüllte Tomaten

Zutaten (für 4 Portionen):

4 Tomaten

360 g Marokkanischer Couscous

360 ml Gemüsebrühe

1/4 TL Knoblauchpulver

1/4 TL Schwarzer Pfeffer

35 g Parmesankäse

Ein Schuss Olivenöl

Salz

Zubereitung:

Den Ofen auf 175°C vorheizen. In einem mittelgroßen Topf die Gemüsebrühe aufkochen. Den Couscous hineingeben, umrühren, den Topf abdecken und von der Herdplatte nehmen. Den Couscous so abgedeckt etwa 5 Minuten dünsten lassen oder bis er alle Flüssigkeit aufgenommen hat. Ihn dann leicht abkühlen lassen.

Die Tomaten waschen und mit einem Küchentuch trocken tupfen. Den „Deckel" einer jeden Tomate abschneiden und mit dem Löffel das Innere herauskratzen. Falls nötig mit etwas Wasser das Innere der Tomaten auswaschen. Mit einem

Küchentuch jede Tomate völlig trocken tupfen und beiseite stellen.

In den abgekühlten Couscous das Knoblauchpulver, Salz, Pfeffer und Parmesankäse mischen und gut miteinander verrühren. Die entstandene Mischung in die Tomaten geben und mit etwas Olivenöl beträufeln. Die Tomaten so in einer Auflaufform aus Glas etwa 25 Minuten lang backen. Warm servieren und genießen!

Israelischer Couscous mit gerösteten Mandeln

<u>Zutaten</u> (für 4 Portionen):

3 EL Butter

Ein Schuss Olivenöl

50 g Mandeln, gehobelt

1 Zwiebel, gehackt

260 g Israelischer Couscous

½ TL Zimt

1 Lorbeerblatt

420 ml Gemüsebrühe

4 EL Petersilie, fein geschnitten

Salz und Pfeffer zum Abschmecken

<u>Zubereitung:</u>

In eine mittelgroße Pfanne einen EL Butter erhitzen und einen Schuss Olivenöl dazugeben. Die Mandeln dazugeben und rösten bis sie eine goldgelbe Farbe annehmen. Die Mandeln mit einem Sieblöffel von der Hitze nehmen und beiseite stellen. Im selben Topf einen EL Butter erhitzen und die Zwiebel, den Couscous, das Lorbeerblatt und den Zimt dazugeben und dünsten bis die

Zwiebel glasig und der Couscous leicht gebräunt ist.

Die Gemüsebrühe in die Pfanne gießen und alles zusammen aufkochen lassen. Die Hitze reduzieren und den Couscous abdecken. Ihn so dünsten lassen, bis er die gesamte Flüssigkeit aufgenommen hat. Den Couscous daraufhin von der Herdplatte nehmen und vorsichtig die Mandeln und die Petersilie unterrühren. Mit Salz und Pfeffer abschmecken und servieren.

Südstaatendip

Zutaten (für 4-6 Portionen):

175 g Marokkanischer Couscous

240 ml Geflügelbrühe

1 kleine Tomate, gewürfelt

½ rote Zwiebel, gewürfelt

1 Avocado, in mundgerechte Stücke geschnitten

1 400 g – Dose schwarzer Bohnen, abgetropft

4 EL frischer Koriander, geschnitten

Für das Dressing:

6 EL extra natives Olivenöl

4 EL Zitronensaft (aus einer Zitrone)

2 TL Rotweinessig

1 TL Kümmel, gemahlen

Zubereitung:

Die Gemüsebrühe in einer mittelgroßen Pfanne aufkochen lassen. Den trockenen Couscous hineingeben, umrühren, den Topf bedecken und von der Herdplatte nehmen. Dem Couscous etwa 5 Minuten Dünstzeit lassen, oder bis er die gesamte Flüssigkeit aufgenommen hat. Mit einer Gabel auflockern und in eine Servierschüssel umschütten. Die gewürfelten Tomaten, die Zwiebel, die Bohnen und den Koriander in den Couscous geben und miteinander verrühren.

Schließlich das Olivenöl, den Essig, den Zitronensaft und den Kümmel in einer separaten Schüssel miteinander vermischen, um ein würziges Dressing zu erhalten. Das Dressing über die Couscous-Mischung träufeln und schnell umrühren. Mit Tortilla Chips servieren.

Couscous mit Mangold mit Kichererbsen

Zutaten *(für 3 Portionen):*

1 Packung Couscous

60 g Pininenkerne

3 EL Olivenöl

2 Knoblauchzehen, fein geschnitten

1 Dose Kichererbsen, abgetropft

60 g Rosinen

2 Bündel Mangold, getrimmt

¾ TL Salz

½ TL schwarzer Pfeffer

Zubereitung:

Den Couscous in eine Schüssel geben und 375 ml kochendes Wasser darüber gießen. Abdecken und 10 Minuten ziehen lassen.

In der Zwischenzeit die Pinienkerne anrösten und die Pfanne dabei gelegentlich schwenken bis die Nüsse goldgelb sind, ungefähr 3-4 Minuten. Danach auf einen Teller legen. Die Hitze reduzieren und Olivenöl hineingeben. Dazu den Knoblauch und etwa 1 Minute braten. Die Kichererbsen, die Rosinen, das Mangold und Salz und Pfeffer hinzufügen. Unter gelegentlichem Rühren köcheln lassen bis das Mangold weich ist, etwa 5 Minuten. Von der Herdplatte nehmen.

Den Couscous mit einer Gabel auflockern und auf Teller verteilen. Die Mischung aus der Pfanne darüber geben und mit den Pinienkernen bestreuen. Warm servieren.

Einfacher schmackhafter Couscous-Salat

Zutaten (für 2 Portionen):

200 g Couscous

250 ml kochendes Wasser oder Brühe nach Wahl

150 g Cherrytomaten, halbiert

1 kleine Gurke, geschnitten

1 rote Paprika, geschnitten

20 g Rosinen

1 kleine rote Zwiebel, fein geschnitten

5 EL Balsamicoessig

Korianderblätter zum Garnieren

Zubereitung:

Den Couscous in eine Schüssel geben und das kochende Wasser oder die Brühe darüber gießen. Abdecken und 10 Minuten ziehen lassen. Danach mit einer Gabel auflockern. Die Cherrytomaten, die Gurke, die Paprika, die Rosinen und die rote Zwiebel zum Couscous geben.

Aus dem Balsamicoessig und dem Öl ein Dressing herstellen. Entweder miteinander gründlich verrühren oder in einem Shaker durchschütteln. Den Couscous damit und mit Salz und frisch gemahlenem schwarzen Pfeffer würzen, verrühren und servieren.

Couscous mit buntem Gemüse und Fetakäse

Zutaten (für 4 Portionen):

250 g Vollkorn-Couscous

1 Zucchini, der Länge nach in dünne Scheiben geschnitten

1 Aubergine, der Länge nach in dünne Scheiben geschnitten

2 rote Paprika, entkernt und in lange dünne Scheiben geschnitten

3 EL Olivenöl

1 TL Kümmelsamen

1 TL Fenchelsamen

Saft aus einer großen Zitrone

1 große rote Chilischote, fein geschnitten

50 g Pinienkerne, geröstet

50 g getrocknete rote Kirschen

150 g Fetakäse, zerbröselt

Eine Handvoll frischer Koriander, gehackt

Frischer Hummus als Beilage

Zubereitung:

Den Couscous in eine große Schüssel geben und mit kochendem Wasser aufgießen bis er ganz bedeckt ist. Mit einem sauberen Geschirrtuch abdecken und etwa 5 Minuten ziehen lassen, bis der Couscous die ganze Flüssigkeit aufgesaugt hat. Mit einer Gabel auflockern.

Eine Grillpfanne erhitzen. Die Zucchini, die Auberginen und die Paprika in eine Schüssel mit 2 EL Olivenöl, dem Kümmel und dem Fenchel geben und schwenken bis das Gemüse mit dem Öl bedeckt ist. In die heiße Grillpfanne geben und etwa 2 Minuten von jeder Seite braten, bis das Gemüse gegrillt und weich ist. Das Gemüse dann unter den Couscous mischen, zusammen mit dem verbliebenen Olivenöl, dem Zitronensaft, dem Chili, den Pinienkernen und den Kirschen. Dann den Fetakäse und den Koriander unterheben und gut mit Salz und Pfeffer abschmecken. Mit dem Hummus servieren.

Kräutercouscous mit Mandeln

Zutaten (für 4 Portionen):

1 rote Zwiebel, halbiert und in Scheiben geschnitten

425 ml heißer Geflügelbrühe

Eine Prise Safran (optional)

1 große rote Chilischote, geschnitten

500 g Couscous

100 g Korianderblätter

50 g ganze Mandeln, geröstet

Eine Handvoll Datteln, grob geschnitten

Saft einer halben Zitrone

Zubereitung:

In einer Bratpfanne mit etwas Öl die Zwiebeln etwa 5 Minuten braten bis sie weicht geworden sind. Währenddessen die Geflügelbrühe im Topf erhitzen und den Safran dazugeben, damit sich die Farbe und der Geschmack entfalten können. Die Chili zu den Zwiebeln geben und eine weitere Minute braten und dann von der Hitze nehmen. Den Couscous und die Brühe darüber gießen, abdecken und 10 Minuten ziehen lassen. Wenn der Couscous die gesamte Flüssigkeit aufgenommen hat, geschwind den Koriander hacken (wenn man das zu früh macht, verwelkt er). Mit den Mandeln, den Datteln und dem Zitronensaft unter den Couscous heben und sofort servieren. Wenn Sie es aber kalt servieren möchten, dann stellen Sie den Koriander beiseite und geben ihn erst kurz vor dem Servieren hinzu.

Couscoussalat mit Garnelen

Zutaten (für 3 Portionen):

Für den Salat:

200 g Couscous

3 El Olivenöl

75 g Pinienkerne

2 Knoblauchzehen, zerdrückt

2 Zucchini, fein geschnitten

1 grüne Paprika, gewürfelt

4 Frühlingszwiebeln, diagonal kleingeschnitten

1 lange rote Chilischote, fein geschnitten

1 TL Sumach, gemahlen

2 EL frischer Petersilie, gehackt

1 EL frischer Basilikum, gehackt

1 EL frische Minze, gehackt

750 g Garnelen, medium gebraten

Für das Dressing:

1 TL Zitronenabrieb

2 EL Olivenöl

3 EL Zitronensaft

1EL Thai-Fischsoße

2 Knoblauchzehen, zerdrückt

2 EL frischer Koriander, gehackt

Zubereitung:

Den Couscous in eine große Schüssel geben und mit 400 ml kochenden Wassers aufgießen. Abdecken und 7-10 Minuten ziehen lassen.

In der Zwischenzeit das Öl in einer großen Pfanne bei mittlerer Hitze erwärmen und die Pinienkerne rösten bis sie goldgelb sind. Den Knoblauch, die Zucchini, die Paprika, die Frühlingszwiebeln, Chili und Sumach hineingeben und unter Rühren etwa 5 Minuten köcheln oder bis das Gemüse weich wird. Die Mischung dann unter den Couscous heben und die Kräuter dazugeben. Dabei gut schwenken, um den Couscous aufzulockern. Mit Salz und Pfeffer abschmecken und zum Abkühlen beiseite stellen.

Für das Dressing alle Zutaten in einem kleinen Shaker gut durchschütteln. Nach Belieben mit Salz und Pfeffer abschmecken und beiseite stellen. Kurz vor dem Servieren den Couscous mit einer Gabel auflockern und die Garnelen dazugeben. Mit dem Dressing servieren.

Vollkorn-Couscous mit Mandeln

Zutaten *(für 2 Portionen):*

180 g Vollkorn-Couscous

3 EL Mandeln, gehobelt

1 TL extra natives Olivenöl

1 reife Tomate, grob geschnitten

1 EL frische Petersilie, gehackt

1 EL Kapern, abgewaschen und abgetropft

1 Knoblauchzehe, fein geschnitten

Grobkörniges Salz

Zubereitung:

Den Couscous in eine mittelgroße Schüssel geben und 375 ml kochendes Wasser darüber gießen. Umrühren, abdecken und etwa 10 Minuten ziehen lassen.

Inzwischen in einer kleinen Pfanne die Mandeln bei mittlerer Hitze anrösten bis sie leicht goldgelb sind, etwa 3 Minuten. Von der Hitze nehmen. Die Mandeln, das Öl, die Tomate, die Petersilie, die Kapern und den Knoblauch nun zum Couscous geben und vermischen. Mit Salz und Pfeffer abschmecken und mit der Gabel auflockern. Warm servieren.

Würziger Couscous mit Zucchini

Zutaten (für 2 Portionen):

250 ml Geflügelbrühe

1 TL Salz

60 g Couscous

2 EL extra natives Olivenöl

1 mittelgroße Zwiebel, gehackt

1 Knoblauchzehe, fein gehackt

500 g Zucchini, in Würfel geschnitten

¾ TL Koriander, gemahlen

½ TL Chilipulver

¼ TL Kümmel, gemahlen

¼ TL schwarzer Pfeffer

30 g frischer Minze, gehackt

1 EL Zitronensaft

Zubereitung:

Die Brühe mit ¼ TL Salz in einem kleinen Topf aufkochen lassen und in eine Schüssel über den Couscous gießen. Abdecken und etwa 5 Minuten ziehen lassen. Mit einer Gabel auflockern und beiseite stellen.

In der Zwischenzeit eine robuste Bratpfanne bei mittlerer Hitze auf der Herdplatte erhitzen und die Zwiebel mit ¼ TL Salz anbraten und gelegentlich rühren. Die Zwiebel sollte in etwa 6 Minuten goldgelb werden. Dann den Knoblauch dazugeben und weiter braten. Nach etwa einer Minute die Zucchini und das verbliebene Salz dazugeben und unter gelegentlichem Rühren etwa 5 Minuten weiter köcheln lassen. Die Hitze reduzieren, den Koriander, das Chilipulver, den Kümmel und den Pfeffer hineingeben und weitere 2 Minuten in der Pfanne lassen. Die Zucchini-Mischung dann zum fertigen Couscous geben, vermischen und auf Zimmertemperatur abkühlen lassen. Kurz vor dem Servieren die Minze und den Zitronensaft unterheben.

Kapitel 4: Couscous als Hauptgang

Couscous mit gegrilltem Fleisch

Zutaten (für das gegrillte Fleisch):

8 Stück Merguez-Wurst

8 Lammkotelettes

1 Ei

Koriander, ein kleines Bündchen, geschnitten

6 Knoblauchzehen, fein geschnitten

1 kleine Zwiebel, gerieben

50 g Kümmel, gemahlen

455 g Hack vom Lamm

455 g Hähnchenschenkel, enthäutet, entbeint, in Stücke geschnitten

Salz und frisch gemahlener Pfeffer zum Abschmecken

Zutaten (für den Eintopf):

340 g Lammschulter, entbeint und in 2,5 cm große Stücke geschnitten

300 g getrocknete Kichererbsen, mindestens 8 Stunden eingeweicht

1 mittelgroße Zucchini, geschält und in 2,5 cm große Stücke geschnitten

1 mittelgroße braune Zwiebel, gehackt

2 mittelgroße Karotten, geschält und in etwa 0,5 cm große Stücke geschnitten

4 Knoblauchzehen, gehackt

150 g Mehl

Salz und frisch gemahlener Pfeffer zum Abschmecken

80 ml Olivenöl

Saft aus einer Zitrone

1 Bündchen Petersilie, gehackt

1 kleiner Kohlkopf, gehackt

1 Dose Tomaten, mit der Hand zerdrückt

1 l Geflügelbrühe

2 Lorbeerblätter

2 Stangen Zimt

2 g Safran, zerdrückt

3 g Ingwer, gemahlen

5 g Paprikapulver

35 g Tomatenmark

150 g Rosinen

Zutaten (für den Couscous):

850 g Marokkanischer Couscous

Harissa zum Servieren

70 g Butter, ungesalzen

45 ml Olivenöl

Zubereitung:

In einer Schüssel die folgenden Zutaten vermischen: das Lammhack, 1 ½ EL Paprikapulver, 1 ½ EL Kümmel, die Hälfte des Knoblauchs, die Zwiebel, ¾ des Korianders, das Ei, Salz und Pfeffer. Aus der Mischung zwölf ovale Bällchen formen (jedes sollte um die 30 g wiegen) und sie auf 20 cm lange Spieße aufspießen. In den Kühlschrank stellen bis sie zum Grillen an die Reihe kommen.

Das verbliebene Paprikapulver, den Kümmel, den Knoblauch und den Koriander in eine Schüssel geben. Das Hühnchen und die Lammkoteletts dazugeben und mit Salz und Pfeffer würzen. Die Zutaten durch Schwenken gut miteinander vermischen. Abdecken und für 60 Minuten in den Kühlschrank stellen.

Nun ist der Eintopf dran: In einem großen Topf das Öl auf mittlerer Stufe erhitzen. Mit Salz und Pfeffer das Lamm würzen, in Mehl schwenken und zum Braten in den Topf geben bis es von allen Seiten goldgelb ist. Dieser Schritt dauert etwa

6 Minuten. Das Fleisch dann in eine Schüssel geben und beiseite stellen.

Die Karotten, den Knoblauch, und die Zucchini hineingeben und anbraten bis alles goldgelb wird, etwa 12 Minuten. Dann die restlichen Zutaten dazugeben und braten bis alles leicht karamelisiert ist, etwa 3 Minuten. Das Lamm und die Kichererbsen dazugeben und mit der Brühe aufgießen und aufkochen lassen. Unter gelegentlichem Rühren und bei mittlerer Hitze kochen bis das Fleisch und die Kichererbsen weich sind, etwa 2-2 ½ Stunden. Mit Salz und Pfeffer würzen und die Petersilie und den Zitronensaft dazugeben.

Für die Zubereitung des Couscous geben Sie die Butter, das Öl und 750 ml Wasser in einen Topf und lassen dies bei hoher Hitze aufkochen. Den Couscous hineingeben, mit Salz und Pfeffer würzen und abdecken. Von der Herdplatte nehmen und stehen lassen bis das ganze Wasser aufgesaugt ist, etwa 10 Minuten. Mit der Gabel den Couscous auflockern.

Auf einem Holzkohlegrill eine mittelstarke Hitze herstellen oder einen Gasgrill auf mittlere Stufe stellen. Das Hähnchen aus der Marinade nehmen und auf 4 Spieße verteilen. Einige Male auf dem Grill wenden bis das Fleisch durch ist, etwa 10 Minuten. Auf einen Servierteller legen und den Vorgang mit den Lammkotelettes, Lammspießen und den Würsten wiederholen. Etwa 7 Minuten für die Kotelettes, 16 Minuten für die Spieße und 18 Minuten für die Würste. Den Eintopf, den

Couscous und das gegrillte Fleisch zusammen servieren und Harissa dazu reichen.

Einfacher Marokkanischer Harissa-Couscous

Zutaten (für 4 Portionen):

400 g Couscous

400 ml Gemüsebrühe

1 TL Harissapaste

3 EL Olivenöl

250 g Cherrytomaten, halbiert

Der Saft einer Zitrone

Ein Bund Frühlingszwiebeln, fein geschnitten

3 TL Minze, grob geschnitten

Zubereitung:

Den Couscous in eine hitzebeständige Schüssel geben. Die Frühlingszwiebeln, die Minze und die Cherrytomaten dazugeben und miteinander vermengen. Die Gemüsebrühe erwärmen und wenn sie heiß geworden ist, mit der Harissapaste vermischen. Die entstandene Mischung über den Couscous gießen und gut durchrühren. Mit einem Deckel abdecken und 5 Minuten ziehen lassen. Zuletzt den Zitronensaft und das Olivenöl darüber geben und gut durchmischen.

Würziger Marokkanischer Geflügel-Couscous

<u>Zutaten</u> *(für 4 Portionen):*

250 g Couscous

2 große Hähnchenbrustfilets, enthäutet und entbeint, in Scheiben geschnitten

85 g Mandeln, blanchiert

1 Zwiebel, gehackt

3 EL Olivenöl

1 TL scharfe Currypaste

100 g Aprikosen, halbiert

20 g frischer Koriander

Zubereitung:

Den Couscous nach Packungsanleitung mit der Geflügelbrühe zubereiten. Das Olivenöl in der Pfanne erhitzen und die Zwiebeln darin für etwa 2-3 Minuten anrösten bis sie weich werden. Die Filets dazugeben und etwa 5-6 Minuten braten, bis das Hähnchen zart wird. Die blanchierten Mandeln dazugeben und goldgelb werden lassen. Dann die Currypaste hineingeben und eine weitere Minute braten. Die Aprikosen, den Koriander und den Couscous dazugeben. Schwenken und heiß servieren.

Marokkanischer Couscous mit buntem Gemüse

<u>Zutaten</u> (für 4 Portionen):

1 EL Olivenöl

4 Stück Lammwurst

1 große braune Zwiebel, geschnitten

2 Knoblauchzehen, fein geschnitten

1 ½ TL Salz

1 TL Paprikapulver

1 TL Zimt, gemahlen

1 EL frischer Ingwer, geraspelt

1 kleiner Kürbis, geschält, enkernt, gewürfelt

2 Steckrüben, in Stücke geschnitten

4 Karotten, halbiert und in Stücke geschnitten

1 Zucchini, geviertelt

1,25 l Geflügel- oder Gemüsebrühe

1 Dose Kichererbsen

1 Packung Couscous

150 g Rosinen

1 kleines Bündchen Koriander oder Minze für die Garnierung

Zubereitung:

Das Öl in einer großen Pfanne bei mittlerer Stufe erwärmen. Die Würste hineingeben und etwa 5 Minuen braten. Die Zwiebel und den Knoblauch dazugeben und etwa 5 weitere Minuten braten. Dann den Zimt, das Paprikapulver, den Ingwer, den Kürbis, die Karotten, die Steckrübe, die Rosinen und ¾ TL des Salzes dazugeben und kräftig durchmischen. Die Brühe eingießen und aufkochen lassen. Dann die Hitze reduzieren und 20 Minuten köcheln lassen oder bis der Kürbis weich ist. Die Kichererbsen und die Zucchini dazugeben und weitere 10 Minuten köcheln lassen oder bis das Gemüse weich ist.

Den Couscous nach Packungsanleitung zubereiten und das restliche Salz dazugeben. Die Würste und das Gemüse mit dem Couscous als Beilage servieren und nach Belieben die Minze oder den Koriander als Garnierung benutzen.

Couscous mit Käse

Zutaten (für 2 Portionen):

1 EL Olivenöl

175 g Israelischer Couscous

420 ml Geflügelbrühe

35 g Ziegenkäse

2 EL Schmand

60 g - geriebener Käse (vorzugsweise Cheddar)

Salz und Pfeffer zum Abschmecken

70 g - Hähnchen, kleingeschnitten (optional)

1 Bund Petersilie zur Dekoration (optional)

Zubereitung:

In einer mittelgroßen Pfanne das Olivenöl bei mittlerer Hitze erwärmen und den Couscous dazugeben. So lange mischen bis der Couscous leicht braun ist. Die Geflügelbrühe eingießen und aufkochen lassen. Die Hitze reduzieren, abdecken und den Couscous so lange kochen, bis die gesamte Flüssigkeit aufgesaugt wird, etwa 10 Minuten. Während der Couscous immer noch heiß ist, den Ziegenkäse, den Schmand und den Käse unterrühren. Gut durchmischen, um den Käse einzuarbeiten. Wenn der Couscous nicht cremig genug für Ihren Geschmack sein sollte, dann können Sie mehr Schmand dazugeben. Zuletzt den Couscous mit Salz und Pfeffer würzen und das Hähnchen und die Petersilie dazugeben.

Mediterraner Salat

Zutaten (für 2 Portionen):

240 ml Gemüsebrühe

130 g Israelischer Couscous

8 reife Tomaten, geschnitten

100 g Gurken, geschält und geschnitten

60 g Kalamata-Oliven, entsteint

20 g Fetakäse, zerbröselt

4 EL Petersilie, gehackt

2 EL Zitronensaft

2 EL Olivenöl oder Pflanzenöl

1/8 TL Salz

Zubereitung:

In einem mittelgroßen Topf die Brühe aufkochen lassen. Den trockenen Israelischen Couscous dazugeben, rühren und abdecken. Die Hitze reduzieren und etwa 5 Minuten kochen lasen. Von der Herdplatte nehmen und den Couscous ziehen lassen bis er alle Flüssigkeit aufgesaugt hat. Leicht abkühlen lassen und dann das Gemüse und den Käse dazugeben. Vorsichtig umrühren und beiseite stellen.

In einer kleinen Schüssel den Zitronensaft, das Olivenöl, Salz und Pfeffer miteinander vermischen. So lange rühren bis sich das Öl mit dem Zitronensaft vereint. Das Dressing über die Couscous-Mischung geben und einige Male schwenken.

Couscous mit Spargel und Zuckerschoten

Zutaten (für 3 Portionen):

4 EL extra natives Olivenöl

2 EL Zitronensaft

2 große Knoblauchzehen, fein geschnitten

½ TL Zitronenschale

260 g Israelischer Couscous

480 ml Gemüsebrühe

270 g Spargel, in 2,5 cm große Stücke geschnitten

190 g Zuckerschoten, in 1 cm große Stücke geschnitten

2 TL Zitronenabrieb

50 g Parmesankäse, fein gerieben

Zubereitung:

In einer kleinen Schüssel 2 EL Olivenöl, den Zitronensaft, den Knoblauch und die Zitronenschale miteinander vermischen und das entstandene Dressing beiseite stellen.

In einem mittelgroßen Topf 1 EL Öl auf mittlerer Stufe erhitzen. Den Couscous dazugeben, mit Salz bestreuen und braten bis er goldgelb wird, um die 5 Minuten. Die Brühe eingießen, die Hitze erhöhen und aufkochen lassen. Die Hitze wieder reduzieren, abdecken und so lange ziehen lassen bis die ganze Flüssigkeit aufgesaugt ist, etwa 10 Minuten.

In der Zwischenzeit das restliche Öl erwärmen, in einer großen Pfanne bei mittlerer Hitze. Den Spargel, die Zuckerschoten und den Knoblauch dazugeben. Mit Salz und Pfeffer bestreuen und weitere 3 Minuten braten. Das Gemüse in eine große Schüssel geben. Den Couscous in die Schüssel geben und mit dem Dressing beträufeln. Den Parmesankäse und Zitronenabrieb dazugeben und schwenken.

Brokkoli-Käse-Suppe mit Couscous

Zutaten (für 2 Portionen):

270 g Brokkoli

700 ml Wasser

175 g Libanesischer Couscous

240 ml Gemüsebrühe

25 g Parmesankäse

¼ TL Salz

¼ TL schwarzer Pfeffer, frisch gemahlen

Zubereitung:

In einem großen Topf das Wasser, den Brokkoli und den Couscous geben und aufkochen lassen. Die Hitze reduzieren und unbedeckt etwa 25 Minuten köcheln lassen bis der Brokkoli weich ist und der Couscous zart.

Den Brokkoli und den Couscous mit einem Schöpflöffel herausnehmen und in den Mixer geben. 250 ml der Brühe dazugeben und pürieren bis es fein wird. Schließlich den Parmesankäse dazugeben, das Salz und den Pfeffer und nochmals gut durchmixen. Wieder auf den Herd stellen und weitere 5 Minuten köcheln lassen. Mit geriebenem Parmesankäse servieren.

Cremige Quiche mit Zwiebeln und Couscous-Kruste

<u>Zutaten</u> *(für 6 Portionen):*

90 g Marokkanischer Couscous

120 ml Gemüsebrühe

1 EL Butter

2 Zwiebeln, fein geschnitten

1 EL Olivenöl

3 Eier

2 EL griechischer Joghurt

70 g Ziegenkäse, zerkrümelt

60 g Cheddar

25 Parmesankäse

50 g Pilze, in Scheiben geschnitten

4 TL Basilikum, gehackt

<u>Zubereitung:</u>

Den Ofen auf 170°C vorheizen. Eine kleinere Tart-Form mit herausnehmbarem Boden einfetten und beiseite stellen.

In einem mittelgroßen Topf die Brühe aufkochen lassen. Den trockenen Couscous dazugeben, abdecken und von der Herdplatte nehmen. Den Couscous ziehen lassen bis er alle Flüssigkeit aufgesaugt hat. Leicht abkühlen lassen. Ihn dann in die Tart-Form füllen und andrücken, um eine ebenmäßige Schicht am Boden und an den Seiten zu erhalten. Wenn der Couscous zu sehr klebt, die Hände mit Wasser anfeuchten. Die Kruste etwa 15 Minuten backen.

In der Zwischenzeit die Pilze und die Zwiebeln bei mittlerer Hitze im Olivenöl anbraten bis sie weich werden. Von der Herdplatte nehmen und beiseite stellen.

In einer mittelgroßen Schüssel die Eier, den Joghurt, Salz und Pfeffer miteinander vermengen und mit einer Gabel gut miteinander vermischen. Das Gemüse dann als untere Schicht auf die fertige Kruste legen. Dann kommt der Parmesankäse, der Cheddar und der Ziegenkäse. Zuletzt die Eimischung von oben eingießen und mit dem Basilikum bestreuen. Die Quiche etwa 40 Minuten im Ofen backen

Kapresischer Couscous-Salat

<u>Zutaten</u> (für 2 Portionen):

1 EL Olivenöl

175 g Israelischer Couscous

360 ml Gemüsebrühe

130 g Cherrytomaten, geschnitten

60 Mozzarella, gewürfelt

4 EL Basilikum, gehackt

<u>Zutaten</u> (für das Dressing):

2 EL Balsamicoessig

2 EL Olivenöl

Salz und Pfeffer zum Abschmecken

<u>Zubereitung:</u>

In einer mittelgroßen Pfanne den israelischen Couscous in 1 EL Olivenöl anbraten bis er leicht braun wird. Die Gemüsebrühe engießen und aufkochen lassen. Die Hitze reduzieren und weitere 5 Minuten kochen lassen. Von der Herdplatte nehmen und ziehen lassen, bis alles Flüssigkeit aufgesaugt ist. Leicht abkühlen lassen und das

Gemüse und den Käse dazugeben. Vorsichtig umrühren und beiseite stellen.

In einer kleinen Schüssen die Zutaten für das Dressing miteinander vermischen und so lange rühren bis sich das Olivenöl und das Balsamicoessig nicht mehr länger getrennt sind. Das Dressing über die Couscous-Mischung geben und schwenken.

Couscous mit Hähnchen und Zucchini

Zutaten (für 2 Portionen):

2 Stück Hähnchenbrustfilets

3 große Zucchini

175 g Marokkanischer Couscous

2 EL Olivenöl

½ TL Kümmel, gemahlen

Salz und Pfeffer zum Abschmecken

250 ml kochendes Wasser

2 EL frische Petersilie, gehackt

Zubereitung:

In einer Pfanne bei mittlerer Stufe das Olivenöl erhitzen. Die Hähnchenbrustfilets in die Pfanne geben und etwa 4-5 Minuten von jeder Seite braten bis sie durch sind. Die Zucchini in 1 cm dicke Streifen schneiden. In einem Topf im Öl mit dem Kümmel und Salz und Pfeffer braten bis sie durch sind, etwa 5 Minuten. Wasser eingießen und aufkochen lassen. Den Couscous hineingeben und den Topf vom Herd nehmen. Etwa 5 Minuten abgedeckt stehen und ziehen lassen. Danach mit einer Gabel auflockern und mit der frischen Petersilie bestreuen. Die warmen Hähnchenbrustfilets darauf geben und servieren

Gebackener Butternusskürbis mit Couscous

Zutaten (für 3 Portionen):

Abrieb einer Zitrone

700 g Butternusskürbis, geschält und entkernt, in grobe Würfel geschnitten

3 EL Olivenöl

1 große Zwiebel, gehackt

300 g Israelischer Couscous

1 Zimtstange

50 g Mandeln, geröstet

75 g Rosinen

¼ TL Zimt, gemahlen

8 EL Petersilie, gehackt

Zubereitung:

Den Ofen auf 220°C vorheizen. Den Kürbis in 1EL Öl und Salz schwenken und in einer Auflaufform verteilen. Im Ofen etwa 15 Minuten backen oder so lange bis der Kürbis weich wird. In eine große Schüssel geben.

Die Zwiebel in einem EL Öl in einer großen Pfanne anbraten bis sie glasig wird. Zum Kürbis geben.

Den Couscous zusammen mit der Zimtstange in einem großen Topf mit gesalzenem Wasser aufkochen lassen und etwa 13 Minuten köcheln. Nach dem Kochen in ein Sieb schütten und abtropfen lassen (nicht abspülen!). Den Couscous zum Kürbis geben und 2 EL Olivenöl darüber träufeln. Die Zitronenschale, die Petersilie, die Rosinen und den gemahlenen Zimt dazugeben und nach Belieben salzen. Schwenken, damit sich alle Zutaten verbinden und servieren.

Würzige Couscous-Suppe mit Fisch und Wurst

Zutaten (für 2 Portionen):

2 große italienische Würste

¼ Zwiebel, gewürfelt

1 Knoblauchzehe, fein geschnitten

2 große Tomaten, gewürfelt

360 ml Gemüsebrühe

125 ml Wasser

50 g Libanesischer Couscous

2 Buntbarschfilets

½ TL Chilipulver

½ TL Basilikum, getrocknet

1 EL frischer Basilikum

Abrieb einer Zitrone

Salz und Pfeffer nach Belieben zum Abschmecken

Zubereitung:

In einem großen Topf die Würste bei mittlerer Hitze braten bis sie von außen braun sind und innen nicht mehr pink. Danach aus dem Topf nehmen, den Saft aber nicht entsorgen, sondern darin für etwa 3 Minuten den Knoblauch und die Zwiebel rösten. Die Tomaten dazugeben und weitere 3-5 Minuten braten. Die Gemüsebrühe und das Wasser dazugeben und aufkochen lassen. Etwa zwei Minuten kochen lassen und dann den Couscous dazugeben. Die Hitze reduzieren, köcheln lassen und den Fisch, das Chilipulver, den getrockneten Basilikum, Salz und Pfeffer hineingeben. Abdecken und köcheln lassen bis der Fisch und der Couscous durch sind (etwa 5-7 Minuten). Auf zwei Teller verteilen und dabei den Fisch in große Stücke brechen. Mit dem Zitronenabrieb und dem frischen Basilikum garnieren.

Gerösteter Marokkanischer Couscous mit Aubergine

Zutaten (für 4 Portionen):

4 kleine Auberginen

2-3 EL Olivenöl

1 mittelgroße Zwiebel, fein gehackt

130 g Marokkanischer Couscous

1 EL Zitronenabrieb

40 g Fetakäse

½ TL Knoblauchpulver

1 TL Salz

½ TL Pfeffer, frisch gemahlen

4 EL frischer Basilikum

Zubereitung:

Den Ofen auf 200°C vorheizen. Die Auberginen der Länge nach halbieren und sie mit der durchgeschnittenen Seite nach oben aufstellen. Mit einem kleinen Messer die Auberginen jeweils am Rand einschneiden und das Auberginenfleisch vorsichtig ausschneiden. Das Fleisch dann in Würfel schneiden und zusammen mit den ausgenommenen Auberginen beiseite stellen.

In einem großen Topf die 2 EL Olivenöl bei mittlerer Hitze erwärmen. Die Zwiebel hineingeben und rösten bis sie weich und goldgelb geworden ist, etwa 5 Minuten. ½ TL Salz, ¼ TL Pfeffer und ½ TL Knoblauchpulver dazugeben und so lange braten bis alles braun geworden ist, etwa 6-8 Minuten. Wenn die Mischung trocken wird, zusätzliches Olivenöl dazugeben. Beiseite stellen.

In der Zwischenzeit 250 ml Wasser zum Kochen bringen. Den Couscous dazugeben und von der Herdplatte nehmen. Abdecken und den Couscous etwa 5 Minuten ziehen lassen. Danach mit einer Gabel auflockern. Den Zitronenabrieb, die Petersilie, das verbliebene Salz und den Pfeffer dazu geben und auch die beiseite gestellten Auberginen. Gut miteinander vermischen.

Jede ausgenommene Aubergine mit der entstandenen Mischung befüllen und mit Aluminiumfolie abdecken. So lange backen bis die Schalen der Auberginen weich werden, etwa 20-25 Minuten. Die Folie entfernen und weiter backen bis die Oberfläche goldgelb ist, etwa weitere 20 Minuten. Aus dem Ofen nehmen, mit etwas Petersilie bestreuen und servieren.

Couscous mit Hähnchen und Mini-Knödel

Zutaten (für 4 Portionen):

2 Hähnchenbrustfilets, in mundgerechte Würfel geschnitten

175 g Libanesischer Couscous

¼ Zwiebel, gehackt

2 große Karotten, gehackt

75 g Pilze, in Scheiben geschnitten

45 g Brokkoliröschen, gehackt

1 Dose Hühnercremesuppe

250 ml Wasser

1 Lorbeerblatt

½ TL Chilipulver

½ TL Kümmel

Zubereitung:

In einem großen Suppentopf die Zwiebel und die Hähnchenbrustfilets in Olivenöl bei mittlerer Hitze anbraten und 5 Minuten drin lassen bis die Zwiebel glasig wird. Das Gemüse, die Cremesuppe und das Wasser dazugeben und aufkochen lassen. Den Couscous und die Gewürze dazugeben und einige Male durchrühren. Die Hitze reduzieren und etwa 45-60 Minuten bedeckt köcheln lassen. Das Hähnchen sollte durch sein und der Couscous zart.

Zitronensalat mit Couscous und Frühlingszwiebel

<u>Zutaten</u> (für 2 Portionen):

2 Lachsfilets

2 EL Olivenöl

175 g Marokkanischer Couscous

240 ml Gemüsebrühe

4 Frühlingszwiebeln, grob geschnitten

Saft und Abrieb von einer Zitrone

Salz und Pfeffer zum Abschmecken

<u>Zubereitung:</u>

Den Ofen auf 170°C vorheizen. Ein Backblech leicht einölen und beiseite stellen.

Den Lachs mit der Zitronenschale, dem Pfeffer und dem Salz würzen. In das Backblech geben und mit dem Olivenöl beträufeln. Den Lachs etwa 15 Minuten im Ofen backen oder bis er sich mühelos mit einer Gabel zerstückeln lässt.

In der Zwischenzeit die Brühe und den Saft in einem mittelgroßen Topf zum Kochen bringen. Den Couscous hineingeben, umrühren, abdecken und von der Hitze nehmen. Etwa 5 Minuten ziehen lassen oder bis die gesamte Flüssigkeit aufgenommen ist. Das Lachsfilets auf den Teller auf das Couscousbett geben und mit frisch geschnittenen Frühlingszwiebeln bestreuen.

Mini-Bratlinge mit Couscous-Salat

Zutaten (für 4 Portionen):

1 Packung Couscous

500 g Rinderhack

1 ½ TL Kümmel, gemahlen

1 ½ TL Oregano, getrocknet

Salz und Pfeffer zum Abschmecken

4 EL extra natives Olivenöl

6 Frühlingszwiebeln, geschnitten

4 reife Tomaten, geviertelt

1 Gurke, enkernt und in Halbmonde geschnitten

3 EL Zitronensaft

1 Dose Hummus (optional)

Zubereitung:

Den Couscous in eine große Schüssel geben und 375 ml kochendes Wasser darüber gießen. Abdecken und 5 Minuten ziehen lassen. Danach mit einer Gabel auflockern.

Aus dem Hack 12 kleine Bratlinge formen. Mit dem Kümmel, dem Oregano, 1 TL Salz und ¼ TL Pfeffer bestreuen. In einer großen Pfanne bei mittlerer Hitze 1 EL Olivenöl erwärmen und die Bratlinge bis zum gewünschten Grad anbraten – 4 Minuten von jeder Seite, falls sie medium sein sollen.

Zum Couscous die Frühlingszwiebeln, die Tomaten, die Gurken, den Zitronensaft, das verbliebene Öl, Salz und den Pfeffer geben und einige Male schwenken. Mit den Burgern und dem Hummus servieren.

Schweine-Kebabs mit gegrillten Pflaumen

Zutaten (für 4 Portionen):

1 Packung Couscous

4 Frühlingszwiebeln, fein geschnitten

60 g Aprikosen aus der Dose

1 EL Weißweinessig

650 g Schweinelende, entbeint, in 5 cm Stücke geschnitten

2 EL Olivenöl

Salz und Pfeffer zum Abschmecken

4 Pflaumen, geviertelt

Zubereitung:

Den Grill auf mittlere Stufe heizen. Den Couscous nach Packungsanleitung zubereiten und die Frühlingszwiebeln unterheben.

In einer kleinen Schüssel die Aprikosen und den Essig vermischen und beiseite stellen.

Die Schweinelende auf 6 Spieße verteilen und mit 1 EL Olivenöl, Salz und Pfeffer würzen. Die Kebabs grillen, dabei oft wenden, bis sie durch sind. Das dauert etwa 10-12 Minuten. Mit der Aprikosenglasur während der letzten 2 Minuten bestreichen.

In einer Schüssel die Pflaumen, das verbliebene Öl, Salz und den Pfeffer miteinander vermischen. Etwa 2 Minuten auf jeder Seite grillen. Mit den Kebabs und dem Couscous servieren.

Ingwer-Schrimps mit Couscous

Zutaten (für 4 Portionen):

1 Packung Couscous

1 EL Olivenöl

1 große braune Zwiebel, fein gewürfelt

3 Knoblauchzehe, fein geschnitten

3 EL Ingwer, fein geschnitten

250 ml Weißwein

500 g Schrimps, ohne Schale und entdarmt

200 g Zuckerschoten, diagonal halbiert

40 g frischer Koriander, grob gehackt

½ TL Salz

¼ TL schwarzer Pfeffer

Zubereitung:

Den Couscous nach Packungsanleitung zubereiten.

In einer großen Pfanne bei mittlerer Stufe das Olivenöl erhitzen. Zwiebel dazu geben und unter gelegentlichem Rühren um die 12 Minuten braten bis sie goldgelb ist. Den Knoblauch und den Ingwer dazugeben und weitere 2 Minuten braten. Weißwein eingießen und aufkochen lassen. Die Schrimps hineingeben und etwa 2 Minuten köcheln lassen. Nun die Zuckerschoten dazugeben und umrühren. Weiter kochen bis die Schrimps eine helle pinke Farbe haben und durch sind. Den Koriander, Salz und Pfeffer hineingeben. Den Couscous in Schüssel verteilen und die Schrimps und Zuckerschoten darauf legen.

Steak mit Spinat-Couscous

Zutaten (für 4 Portionen):

1 Packung Couscous

3 EL Olivenöl

750 g Flankensteak

Salz und schwarzer Pfeffer

2 Knoblauchzehen, fein geschnitten

50 g Pinienkerne

250 g Babyspinat

50 g Fetakäse, zerbröselt

2 EL Zitronensaft

Zubereitung:

1 EL Olivenöl in einer großen Pfanne bei mittlerer Hitze erwärmen. Das Steak mit Salz und Pfeffer würzen und in der Pfanne bis zum gewünschten Grad braten. Für medium-rare sind es ungefähr 4-6 Minuten an jeder Seite. Vor dem Schneiden ruhen lassen.

Inzwischen den Couscous nach Packungsanleitung zubereiten und in eine große Schüssel geben. Die Pfanne abwischen und in den verblieben 2 EL Öl den Knoblauch und die Pinienkerne rösten und dabei ständig rühren. Es dauert etwa 2-3

Minuten bis sie goldgelb werden. Die Pinienkernmischung unter den Couscous heben, zusammen mit dem Spinat, dem Fetakäse, dem Zitronensaft und Salz und Pfeffer. Zum Steak servieren.

Zitronen-Schrimps mit weißen Bohnen

Zutaten *(für 4 Portionen):*

1 Packung Couscous

Salz und Pfeffer zum Abschmecken

3 EL Butter, ungesalzen

2 Knoblauchzehen, gehackt

4 Frühlingszwiebeln, gehackt

500 g mittelgroße Schrimps, ohne Schale und entdarmt

1 Dose weißer Bohnen, abgetropft

50 g frischer Petersilie

2 EL Zitronensaft

Zubereitung:

In einem Topf 500 ml Wasser aufkochen lassen. Den Couscous und ¼ TL Salz dazugeben. Abdecken und von der Herdplatte nehmen. 5 Minuten ziehen lassen und mit einer Gabel auflockern.

Inzwischen 2 EL Butter in einer großen Pfanne bei mittlerer Hitze erwärmen. Den Knoblauch und die Frühlingszwiebeln dazugeben und 30 Sekunden anrösten. Die Schrimps dazugeben und unter ständigem Rühren etwa 3 weitere Minuten braten. Die Schrimps müssen eine helle, pinke Farbe annehmen. Die Bohnen, die Petersilie, den Zitronensaft, die verbliebe Butter, 1 TL Salz und ¼ TL Pfeffer dazugeben. Weitere 2-3 Minuten in der Pfanne lassen und anschließend mit dem Couscous servieren.

Lamm mit Israelischem Couscous

Zutaten (für 3 Portionen):

2 EL Olivenöl

3 Steaks von der Lammschulter

1 TL Paprikapulver

½ TL Zimt, gemahlen

Salz und Pfeffer zum Abschmecken

1 mittelgroße Zwiebel, gehackt

210 g Israelischer Couscous

75 g getrockneter Aprikosen, geviertelt

1 Prise Safran (optional)

120 g Babyspinat

Zubereitung:

1 EL Öl in einer großen Pfanne bei mittlerer Hitze erwärmen. Das Lamm mit dem Paprikapulver, dem Zimt und Salz und Pfeffer würzen. Etwa 4-6 Minuten von jeder Seite anbraten, wenn es medium-rare sein soll. Vor dem Schneiden 5 Minuten ruhen lassen.

In der Zwischenzeit das verbliebe Öl in einem Topf bei mittlerer Hitze erwärmen. Die Zwiebel hineingeben und etwa 3-4 Minuten rösten und gelegentlich rühren. Den Couscous, die Aprikosen und den Safran hinzugeben, Salz und Pfeffer und 500 ml Wasser. Aufkochen lassen. Die Hitze reduzieren und bedeckt köcheln lassen, bis der Couscous zart ist und die gesamte Flüssigkeit aufgenommen hat. Den Spinat unterheben und zum Lamm servieren.

Couscous mit Chorizo und Kichererbsen

Zutaten (für 4 Portionen):

250 g Couscous

300 ml Gemüsebrühe

2 EL Olivenöl

200 g Choriso, in Stücke geschnitten

1 Zwiebel, geschnitten

1 TL Paprikapulver

400 g Kichererbsen aus der Dose, abgetropft

425 ml Geflügelbrühe

Gehackte Petersilie zum Garnieren

Zubereitung:

Den Couscous mit der Gemüsebrühe nach Packungsanleitung zubereiten.

In einer großen Pfanne das Olivenöl erhitzen und die Chorizo 3-4 Minuten braten. Aus der Pfanne nehmen und beiseite stellen. In das verbliebene Öl in der Pfanne die Zwiebel geben und 5-6 Minuten rösten. Das Paprikapulver hinzufügen und eine weitere Minute braten, dann die Kichererbsen und die Geflügelbrühe dazugeben. Die Chorizo zurück in die Pfanne legen und 2 Minuten köcheln lassen. Den Couscous auf Teller verteilen, die Chorizo darüber geben und mit der Petersilie garnieren.

Couscous mit gebackenem Hähnchen

Zutaten (für 4 Portionen):

2 Hähnchenbrustfilets

1 Bund Spargel

150 g Couscous

2 EL Olivenöl

1 Knoblauchzehe, zerdrückt

1 Zucchini, fein geschnitten

½ lange rote Chili, fein geschnitten

1 TL Petersilie

Basilikum und Minze, gehackt

Zubereitung:

Den Ofen auf 200°C vorheizen. Die Filets in vier lange Streifen schneiden. Mit dem Spargel in einer Schicht auf ein Backblech legen. Mit etwas Öl einpinseln und mit Salz und Pfeffer würzen. 12-15 Minuten backen oder bis die Filets durch sind.

Den Couscous in eine Schüssel geben und mit 300 ml kochenden Wassers begießen. Abdecken und etwa 5 Minuten ziehen lassen.

In der Zwischenzeit das Öl in einer großen Pfanne bei mittlerer Hitze erwärmen und den Knoblauch, die Zucchini und die Chili anbraten, etwa 5 Minuten bis die Zucchini weich ist. Das Gemüse nun unter den Couscous heben und die Kräuter dazugeben. Ordentlich schwenken, damit der Couscous fluffig wird. Nach Belieben würzen und warm zum Hähnchen und dem Spargel servieren.

Gegarter Fisch mit Couscous

Zutaten (für 4 Portionen):

200 g Couscous

6 Frühlingszwiebeln, fein geschnitten

Abrieb einer Zitronenschale

1 TL Kümmel, gemahlen

Eine Prise Safran (optional)

2 EL Petersilie, grob geschnitten

2 EL Koriander, grob geschnitten

18-20 Cherrytomaten, halbiert

Salz und Pfeffer zum Abschmecken

4 dicke weiße Fischfilets

Extra natives Olivenöl

1 Zitrone, geviertelt, zur Garnierung

Zubereitung:

Den Ofen auf 200°C vorheizen. Den Couscous, die Frühlingszwiebeln, die Zitronenschale und den Kümmel in eine große Schüssel geben. Den Safran in 400 ml Wasser geben und aufkochen lassen. Das aufgekochte Wasser dann über den Couscous gießen, abdecken und etwa 5 Minuten ziehen lassen. Die Petersilie, den Koriander und die Cherrytomaten unterheben und schwenken, um den Couscous fluffig zu machen. Nach Belieben mit Salz und Pfeffer würzen.

Nun 4 Stück Folie oder Backpapier zurechtschneiden, etwa 45 cm in der Länge. Die Mitte mit etwas Olivenöl bestreichen und jeweils ein Viertel des Couscous darauf geben. Auf den Couscous das Filet legen und mit etwas Olivenöl beträufeln. Eine Scheibe Zitrone darauf legen und gut mit Salz und Pfeffer würzen. Die Ecken der Folie zueinander führen und umknicken, sodass der Fisch darin eingewickelt ist. Vorsicht aber – einige Löcher sind erwünscht, damit die heiße Luft entweichen kann. Den Fisch in der Folie nun auf ein großes Backblech legen und etwa 15 Minuten im Ofen backen. Auf warmen Tellern mit den Zitronenvierteln servieren.

Kapitel 5: Leckereien für Naschkatzen

Rhabarber-Couscous Crumble

Zutaten (für 6-8 Portionen):

750 g frischer Rhabarber, gehackt

128 g brauner Zucker

70 g Couscous, gekocht

85 g brauner Zucker

55 g Mehl

¼ TL Zimt

60 g Butter

Zubereitung:

Den Ofen auf 180°C vorheizen und eine Backform leicht mit der Butter einfetten. Den gehackten Rhabarber darauf verteilen und mit den 85 g braunen Zuckers vermischen bis der Rhabarber gut mit ihm vermischt ist. Beiseite stellen.

In einer Schüssel die Oberschicht zubereiten: Den Couscous, 128 g braunen Zuckers, das Mehl und den Zimt miteinander gut verrühren. Die Butter in die Mischung einarbeiten bis ein Mürbeteig entsteht. Den Teig gleichmäßig über den Rhabarber verteilen und etwa 30-35 im Ofen backen bis die Oberfläche goldgelb ist.

Schoko-Coko-Couscous-Riegel

Zutaten (für 12 Riegel):

1 TL Vanille

1 Ei

56 ml Pflanzenöl

56 ml Wasser

225 ml gefrorenes Apfelsaftkonzentrat

Eine Prise Meersalz

2 TL Backpulver

350 g Marokkanischer Couscous, gekocht

120 Vollkornmehl

120 g Haferflocken

Zutaten (für die Oberschicht):

25 g Kokosraspeln

½ TL Muskatnuss

1 TL Zimt, gemahlen

1 Tl Mandeln, gehobelt

56 ml gefrorenes Apfelsaftkonzentrat

Zubereitung:

Den Ofen auf 180°C vorheizen und eine mittelgroße Backform einfetten und beiseite stellen.

In einer Rührschüssel das Mehl, das Backpulver, das Salz und die Haferflocken miteinander vermischen. In einer anderen Schüssel das Apfelsaftkonzentrat, das Wasser, das Ei und die Vanille miteinander vermischen. Die feuchten Zutaten nun zu den trockenen geben. Schließlich das Couscous dazugeben und vorsichtig miteinander verrühren. In die vorbereitete Backform gießen.

Für die Oberschicht alle Zutaten in einer kleinen Schüssel miteinander vermischen, gut miteinander vermengen und über den Teig verteilen. Etwa 40 Minuten backen und vor dem Servieren in Würfel schneiden.

Cremiger Couscous-Pudding mit Honig und Zimt

Zutaten (für 4 Portionen):

175 Marokkanischer Couscous

675 ml fettarme Milch

88 g Honig

1 TL Zimt

1 TL frisch geriebene Orangenschale

1 TL Vanilleextrakt

Gemahlener Zimt nach Belieben zum Bestäuben

Zubereitung:

Die Milch mit dem Honig und dem Zimt in einem kleinen Topf bei mittlerer Hitze erwärmen bis es fast köchelt den Couscous und die Vanille unterrühren, von der Platte nehmen und abdecken. Etwa 15 Minuten ziehen lassen, bis nahezu die gesamte Milch aufgesaugt worden ist. Vor dem Servieren in Dessertschüssel geben und mit dem gemahlenen Zimt bestäuben. Warm servieren.

Wassermelone-Feta-Couscous-Parfait

Zutaten (für 2 Portionen):

130 g Israelischer Couscous

225 ml Wasser

1 TL Zucker

1 TL Vanille

½ TL Zitronensaft

150 g Wassermelone, in kleine Würfel geschnitten

40 g Fetakäse

½ TL Zitronenabrieb

2 Zweige Minze

Zubereitung:

In einem mittelgroßen Topf das Wasser mit dem Zucker, der Vanille und dem Zitronensaft aufkochen lassen und dabei so lange rühren bis sich der Zucker aufgelöst hat. Den Couscous dazugeben, abdecken und von der Herdplatte nehmen. Etwa 10-13 Minuten ziehen lassen bis das ganze Wasser aufgesaugt ist und anschließend mit der Gabel auflockern. Abkühlen lassen. Wenn der Couscous abgekühlt, ist, vorsichtig die Wassermelonenwürfel und den Fetakäse unterrühren.

Die Mischung in Gläser oder Schüssel füllen und mit dem Zitronenabrieb und der Minze garnieren.

Couscous-Pudding mit Honig und Datteln

<u>*Zutaten*</u> *(für 4 Portionen):*

110 g Datteln, entkernt, gehackt

750 ml fettarme Milch

60 g Honig

1 Zimtstange

1 TL Orangenabrieb

180 g Couscous (wahlweise auch Vollkorn)

1 TL Vanilleextrakt

Zimt zum Garnieren

2 EL Pistazien, gehackt (optional)

<u>*Zubereitung:*</u>

Die Datteln in eine kleine geben. Mit kochendem Wasser aufgießen bis die Datteln bedeckt sind. Abdecken und beiseite stellen.

Die Milch, den Honig, die Zimtstange und den Orangenabrieb in einen Topf geben und bei mittlerer Hitze erwärmen bis es beinahe köchelt. Den Couscous und die Vanille dazugeben, von der Herdplatte nehmen und abdecken. Ziehen lassen bis fast die gesamte Milch aufgesaugt ist, etwa 20 Minuten. Die Zimtstange entfernen.

Die Datteln abtropfen lassen und unter den Couscous heben. In Schüssel füllen und mit dem Zimt bestäuben und den Pistazien bestreuen.

Warmer Couscous-Pudding

Zutaten (für 4 Portionen):

750 ml Wasser

Eine Prise Salz

120 g Couscous

1 Dose Kokosmilch

1 TL Vanille

1 Kardamomschote, entkernt und zerdrückt

½ TL Zimt

4 EL Zucker

4 EL Rosinen

Zubereitung:

Das Wasser und das Salz in einen kleinen Topf geben und aufkochen lassen. Von der Herdplatte nehmen und den Couscous dazugeben. Abdecken und etwa 5 Minuten ziehen lassen und mit einer Gabel auflockern.

In einem anderen Topf bei niedriger Hitze die Kokosmilch, die Vanille, den Kardamom, den Zimt und den Zucker erwärmen. Unter häufigem Rühren etwa 10 Minuten köcheln lassen. Die Rosinen dazugeben und weitere 2 Minuten köcheln lassen. Den Couscous untermischen und von der

Hitze nehmen. Den Pudding 10-15 Minuten kühlen und fest werden lassen und dabei gelegentlich umrühren. Warm servieren und nach Belieben mit Zimt, Rosinen oder Kokosraspeln servieren.

Ägyptisches Couscous-Dessert

Zutaten (für 4 Portionen):

180 g Couscous

500 ml Fruchtsaft

2 EL Rosenwasser

3 EL Süßrahmbutter, geschmolzen

50 g Mandeln, blanchiert, fein gemahlen

50 g Pistazien, fein gemahlen

50 g Puderzucker

½ – 1 TL Zimt

120 g kandierte Mandeln

110 g Granatapfelkerne

Zubereitung:

Den Fruchtsaft zusammen mit dem Rosenwasser aufkochen lassen. Den Couscous dazugeben, umrühren und von der Platte nehmen. 15 Minuten ziehen lassen und mit einer Gabel auflockern. Die Süßrahmbutter zerkrümeln und unterheben. Die Mandeln und die Pistazien ebenfalls. Auf Teller servieren und mit einer Mischung aus Puderzucker und Zimt bestreuen. Mit den kandierten Manden und Granatapfelkernen garnieren.

Exotischer Pudding mit Kokos und Ananas

Zutaten (für 6 Portionen):

200 ml Wasser

90 g Couscous

1 EL Butter, ungesalzen

½ große Banane, geschnitten

1 EL brauner Zucker

375 ml plus 2 EL gekühlte Schlagsahne

5 EL Kokosnusscreme, gesüßt

75 g kandierte Ananas, fein gehackt

225 g frische Ananas, geschält

Zubereitung:

Das Wasser in einem mittelgroßen Topf bei hoher Hitze aufkochen lassen und den Couscous unterrühren. Von der Herdplatte nehmen und ziehen lassen bis die gesamte Flüssigkeit aufgesaugt ist, etwa 15 Minuten. Mit einer Gabel auflockern.

Die Butter in einem kleinen Topf bei mittlerer Hitze schmelzen. Die Banane und den Zucker hineingeben und etwa 1 Minute braten, bis die Banane weich wird. Abkühlen lassen. Mit einem elektrischen Mixer die Schlagsahne steif schlagen. Die Kokosnusscreme unterrühren. 6 EL der geschlagenen Sahne für das Topping beiseite stellen. Die kandierte Ananas, den Couscous und die Banane in die verbliebe Schlagsahne unterheben. Die Mischung auf 6 Dessertgläser verteilen. Jedes Glas mit der beiseite gestellten Schlagsahne garnieren. Mit der frischen Ananas bestreuen und servieren.

Kokosnuss-Zimt-Couscous

Zutaten (für 4 Portionen):

375 ml Kokosmilch

125 ml Wasser

2 Zimtstangen

1 TL Zucker

½ TL Salz

1 Packung Couscous

50 g Kokosraspeln, ungesüßt

Zubereitung:

Die Kokosmilch, das Wasser, die Zimtstangen, den Zucker und das Salz in einem mittelgroßen Topf aufkochen lassen. Den Couscous und die Kokosraspeln untermischen, abdecken und von der Herdplatte nehmen. 5 Minuten ziehen lassen und vor dem Servieren mit einer Gabel auflockern.

Rosenwasser-Couscous

Zutaten (für 4 Portionen):

100 g Mandelblätter, geröstet

4 Kellen Vanilleeis

140 g Zucker

1 Zimtstange

3 grüne Kardamomschote

1 Sternanis, ganz

75 g Rosinen, gehackt

1 Stück Ingwer, geschält und gerieben

1 TL Zitronenabrieb

190 g Couscous

1 EL Rosenwasser

2 EL Minzblätter, gehackt

40 g Pistazien, geröstet und gehackt

Zubereitung:

Die Mandeln auf einen großen flachen Teller legen und die Eiskugeln darin rollen, um sie mit den Mandeln zu bedecken. Auf einen Teller legen und in den Kühlschrank stellen.

Das Wasser, den Zucker, den Zimt, den Kardamom, den Sternanis und die Rosinen bei mittlerer Hitze in eine mittelgroße Pfanne legen. Etwa 3 Minuten rühren bis sich der Zucker aufgelöst hat. Die Hitze erhöhen und aufkochen lassen. Etwa 2 Minuten kochen lassen und von der Herdplatte nehmen. Leicht abkühlen lassen. Den Zimt, den Kardamom und den Sternanis entsorgen und den Ingwer und den Zitronenabrieb unterrühren.

Den Couscous in eine Schüssel legen und die warme Ingwermischung unterrühren. Mit Plastikfolie abdecken und 5 Minuten ziehen lassen. Mit einer Gabel den Couscous auflockern. Das Rosenwasser, die Minze und die Pistazien dazugeben und miteinander verrühren. In Dessertschüssel geben und jeweils eine Kugel Eis darauf geben.

Couscous-Auflauf mit Äpfeln

Zutaten (für 4 Portionen):

125 g Butter

4 große Äpfel, geschält, entkernt und in Scheiben geschnitten

100 g brauner Zucker

1 TL Zimt

½ TL Muskatnuss

1 TL Vanilleextrakt

360 g Couscous

500 ml Wasser

70 g Zucker

40 g Honig

Zubereitung:

In einer Pfanne 1 EL der Butter schmelzen und die geschnittenen Äpfel bei mittlerer Hitze etwa 10 Minuten darin braten. Den braunen Zucker, die Muskatnuss, den Zimt und das Salz dazugeben. Weitere 4 Minuten braten bis die Äpfel weich werden. In einer eingefetteten Auflaufform den Couscous, das Wasser, die Vanille, den Zucker und den Honig miteinander vermischen. Die gebratenen Äpfel untermischen und abdecken. Bei niedriger Hitze etwa 1 ½ Stunden kochen lassen bis sich der Auflauf gefestigt hat.

Süßer Orangencouscous mit Trockenfrüchten

Zutaten (für 4 Portionen):

750 ml Wasser

3 EL Zucker

3 EL Honig

32 Aprikosenhälften, getrocknet

2 ½ EL Orangenabrieb

1 TL Zitronensaft

1 Kardamomschote (optional)

80 ml Orangensaft

2 EL Datteln, entkernt

90 g Couscous

1/8 TL Salz

2 EL frische Minze, gehackt

Zubereitung:

500 ml Wasser, Zucker und Honig in einen mittelgroßen Topf geben und aufkochen lassen. Die Aprikosen, den Abrieb, den Zitronensaft, den Zimt und den Kardamom untermischen. Die Hitze reduzieren und 25 Minuten köcheln lassen.

Abkühlen lassen. Die Aprikosen herausnehmen und beiseite stellen. Den Sirup durch ein Sieb in eine große Schüssel gießen. Den Orangensaft und die Datteln dazugeben, abdecken und kalt stellen.

250 ml Wasser in einer Pfanne zum Kochen bringen und Couscous und Salz hineingeben. Von der Herdplatte nehmen, abdecken und 5 Minuten ziehen lassen. Mit einer Gabel auflockern und abkühlen lassen. Gleichmäßig auf vier Schüsseln verteilen. Jeweils mit 8 Aprikosenhälften dekorieren und mit Minze bestreuen. Über jede Portion etwas von dem Sirup gießen.

Coco-Schoko-Couscouskuchen

Zutaten (für 12 Stück):

Für die Schokoschicht:

190 g Couscous

500 ml Wasser

3-4 EL Haselnüsse, gemahlen

1 TL Süßstoff nach Wahl

1 EL Kakaopulver

Eine Prise Salz

Für die Kokosschicht:

200 g Couscous

400 ml Kokosmilch

1 ½ EL Süßstoff nach Wahl

Kokosraspeln (optional)

Eine Prise Salz

Zubereitung:

Zuerst die Schokoschicht zubereiten. Das Wasser mit dem Süßstoff und dem Salz aufkochen lassen und den Couscous dazugeben. Einige Minuten kochen lassen und dann die Haselnüsse und das Kakaopulver dazugeben. Gut vermischen und in ein Kuchenblech gießen. An einen kühlen und trockenen Ort zum Abkühlen stellen.

Nun die Kokosschicht zubereiten. Die Kokosmilch mit dem Salz und dem Süßstoff aufkochen lassen. Den Couscous und die Kokosraspeln dazugeben und einige Minuten kochen. Diese Schicht über die Schokoschicht gießen und völlig abkühlen lassen. Dann in 12 gleich große Stücke schneiden. Und servieren.

Teilchen mit Couscous und Passionsfrucht

Zutaten (für 4 Portionen):

125 ml Mangosaft

1 EL Krümelzucker

1 TL Zimt

1 Vanilleschote

100 g Couscous

4 Passionsfrüchte, geschält und in Scheiben geschnitten

250 ml Schlagsahne

Zimt zum bestäuben

Zubereitung:

In einem kleinen Topf den Mangosaft, den Zucker, den Zimt und die Vanille zum Köcheln bringen. Den Couscous hinzufügen, abdecken und beiseite stellen. Mit einer Gabel auflockern.

Den Couscous auf vier Portionen verteilen. In 200-ml-Gläser eine Schicht des Passionsfrucht und der Banane geben, als Mittelschicht den Couscous hineingeben und die Schlagsahne als dritte Schicht. Den Vorgang wiederholen bis das Glas gefüllt ist. Mit Zimt bestäuben und etwa 4-5

Stunden oder über Nacht setzen lassen. Kalt servieren.

Fazit

Danke, dass Sie dieses Buch gekauft haben.

Hoffentlich hat Ihnen die Auswahl meiner 50 Lieblingsrezepte gefallen.

Wie Sie sehen konnten ist das Lebensmittel Couscous so vielseitig wie kaum ein anderes. Egal ob als Beilage, Hauptgang oder als leckeres Dessert – die Zubereitungsmöglichkeiten sind schier endlos. Neben dieser Tatsache steht auch der gesundheitliche Aspekt mit im Vordergrund, denn mit Couscous tragen Sie deutlich zu einer besseren, ausgewogeneren und nährstoffreichen Ernährung bei.

Bitte fassen Sie meine Lieblingsrezepte lediglich als Inspiration auf und trauen sich, auch neue Gerichte selbst zu kreieren und verschiedene Geschmäcker miteinander zu kombinieren. Sie werden sicherlich genauso begeistert sein wie ich selbst und mit Sicherheit wird auch bei Ihnen Couscous aus dem Speiseplan bald gar nicht mehr wegzudenken sein!

Vielen Dank und viel Spaß beim Nachkochen und Ausprobieren!

Katharina Jung

Hier eine kostenlose Vorschau auf ein Buch, das Ihnen auch gefallen könnte:

Quinoa: Das Kochbuch - Entdecken Sie die Kraft des antiken Superfoods Quinoa - Leckere und einfache Quinoa Rezepte

Einleitung

Wenn es um "Superfoods" geht, bin ich eigentlich immer etwas skeptisch, denn es gibt in der modernen Zeit sehr viele Nahrungsmittel, die als solche angepriesen werden - und oft nicht unbedingt zurecht. Auf Quinoa bin ich eigentlich nur durch Zufall gestoßen, als es eine Bekannte zum Abendessen serviert hat. Ich kannte Quinoa bis dahin noch nicht, war aber sofort vom Geschmack beeindruckt; später erst begann ich, mich mit diesem Nahrungsmittel näher zu beschäftigen und bin so auf all seine wundervollen Eigenschaften gekommen, die es aus meiner Sicht tatsächlich zu solch einem "Superfood" machen. Die Faszination "Quinoa" hat seit Jahren bei mir nicht nachgelassen und dieses wundersame Korn ist aus meiner Ernährung gar nicht mehr wegzudenken. Ich habe experimentiert und probiert, weggelassen und hinzugefügt, bis ich eine Sammlung von Rezepten hatte, die zu meinen absoluten Lieblingsspeisen gehören und die ich auch mit Ihnen teilen möchte. Vorab aber einige Worte über dieses tolle Korn, dass auch Sie sicherlich lieben werden!

Quinoa, das neue Superfood, über das alle Welt spricht. Doch was ist das eigentlich? Was macht es zum Superfood? Und wie kann man es überhaupt einsetzen?

Auf all diese Fragen und noch viele mehr soll dieses Buch Antworten geben. Es soll Ihnen einen Überblick über das Nahrungsmittel geben, Einsatzmöglichkeiten in Form von Rezepten aufzeigen und Ihnen alles Wissenswerte über gesundheitliche Vorteile und Effekte mitteilen.

Sie werden überrascht sein, wie leicht es ist, Quinoa in die alltägliche Ernährung einzubauen und wie viele

Dinge man nicht nur ersetzen, sondern auch rein geschmacklich weit übertreffen kann.

Die gesunde Nährstoffbombe ist super vielseitig einsetzbar und es macht auch riesigen Spaß, immer wieder neue Rezepte zu entdecken und auszuprobieren. Quinoa ist für absolut jeden einsetzbar, denn es ist 100% pflanzlich und sogar glutenfrei, wodurch sie auch die perfekte Eiweißquelle für Veganer, Vegetarier und Menschen mit Glutenunverträglichkeit darstellt. Aber finden Sie es doch einfach selbst heraus. Im vierten Kapitel des Buches sind Rezepte aufgeführt, die nicht nur einfach, sondern auch vielseitig und extrem lecker sind. Damit ist es ein Kinderspiel, Quinoa in Ihre Ernährung zu integrieren. Sie werden es sich nicht mehr wegdenken können!

Ich hoffe sehr, dass Ihnen das Buch gefällt und Sie zum Nachkochen und Ausprobieren inspiriert.

Kapitel 1: Was ist Quinoa und was ist drin?

Quinoa sind kleine Samen, beziehungsweise Kerne, die sich ähnlich wie Reis kochen lassen. Sie haben einen milden, nussigen Geschmack und eine leichte, fluffige Konsistenz, die ein wenig an Couscous erinnert. Quinoa ist nicht nur äußerst gesund und nährstoffreich, sondern auch noch außergewöhnlich lecker und, ganz wichtig, sättigend.

Das Powerkorn besteht größtenteils aus pflanzlichem Eiweiß, das alle essentiellen Aminosäuren, die wir für die Zellerneuerung benötigen, beinhaltet. Diese speziellen Aminosäuren sind diejenigen, die der Körper nicht selbst produzieren kann, weshalb sie ihm aus der Nahrung zugeführt werden müssen. Da sie dennoch für einen gesunden und ausgeglichenen Körper unabdingbar sind, nennt man sie essenzielle Aminosäuren.

Das besondere an Quinoa ist, dass man all diese notwendigen Aminosäuren aus nur diesem einen Produkt beziehen kann, was die gesunde Nahrungsaufnahme natürlich sehr stark erleichtert. Es enthält beispielsweise in großen Mengen Linolsäure, eine essenzielle Fettsäure, die für die Abwehrkräfte des Immunsystems verantwortlich ist. Außerdem ist es super für Babys geeignet, da es eine hohe Konzentration an Histidin enthält, das essenziell für das Wachstum und die Entwicklung des Kindes ist.

Das Beste ist allerdings, dass das Abkochen oder das Anbraten von Quinoa fast gar keine Auswirkungen auf die guten Fettsäuren hat. Das ermöglicht uns natürlich, Quinoa in der leckeren, gekochten Variante zu genießen, ohne aber auf all seine Nährstoffe und alle anderen Vorteile verzichten zu müssen. Dafür sind, laut Wissenschaft, die zahlreichen Antioxidantien verantwortlich, die in den Körnern enthalten sind.

Aber Quinoa ist nicht nur proteinhaltig, sondern besteht auch zu großen Teilen aus Ballaststoffen und Vitaminen, wie Calcium, Vitamin E, Kalium, Phosphor, Magnesium und anderen Nährstoffen. Was es allerdings nicht enthält, ist Gluten, sehr zur Freude all derjenigen, die unter Unverträglichkeiten leiden. Quinoa gehört nämlich nicht einmal zur gleichen Familie wie Weizen, Gerste oder Roggen, sondern ist Vertreter der Familie der Fuchschwanzgewächse.

Eine weitere positive und nicht unbedeutende Eigenschaft des Superfoods ist dessen Komplexität und die Tatsache, dass es NICHT genetisch modifiziert ist. Die probiotischen Nährstoffe helfen außerdem dabei, die wichtigen Bakterien in unserem Darm zu füttern. Das ist nicht zu verachten, denn je gesünder die Bakterien sind, desto besser kann der Körper Infektionen und Krankheitserreger bekämpfen, womit wir auch schon beim nächsten wichtigen Punkt sind, den gesundheitlichen Aspekten dieser Samen.

Zunächst aber noch einmal die Benefizien des Quinoakorns im Überblick:

- Quinoa gehört zu den eiweißreichsten Samen überhaupt
- Es ist in seiner natürlichen Form vegan
- Es enthält 9 essenzielle Aminosäuren
- und punktet auch mit großem Mineralreichtum
- Es ist glutenfrei und nicht genetisch modifiziert

Genügend Gründe also, um dieses Superkorn mit in die tägliche Ernährung einzubauen und von seinen Vorteilen zu profitieren!

Kapitel 2: Gesundheitliche Aspekte

Dass Quinoa glutenfrei ist, haben Sie nun bereits erfahren und das gehört zugleich auch zu seinen besten und faszinierendsten Eigenschaften. Man würde annehmen, dass es - wegen des Aussehens - zur Weizen-, Roggen- oder Haferfamilie gehört, aber dem ist nicht so. Es ist nämlich Vertreter der Familie der Fuchsschwanzgewächse. Außerdem hat Quinoa natürlicherweise einen hohen Proteingehalt, viele Ballaststoffe und auch Vitamine. Sie ist nicht genetisch modifiziert und hat sich als super Waffe im Bereich der Entschlackung behaupten können. Die Folsäure und das Vitamin B in Quinoa fördern nämlich die Fähigkeit der Leber, Gifte aus dem Körper auszuscheiden.

Quinoa kann mit seinen unzähligen natürlichen Nährstoffen und Aminosäuren vielen Menschen mit den unterschiedlichsten Krankheitsbildern helfen oder diesen Krankheitsbildern vorbeugen. Es ist ein natürliches Wundermittel und in diesem Kapitel werden ein paar dieser Heilkräfte aufgezeigt.

- *Tatkräftig im Kampf bei Migränebeschwerden:* Zunächst einmal können zahlreiche Menschen, die unter Migräne leiden von Quinoa profitieren, denn das Superfood enthält große Mengen an Magnesium und Riboflavin. Es beugt Migräneanfällen vor, da es das schmerzhafte Zusammenziehen und sprunghafte Ausweiten der Blutgefäße verhindern kann. Es ist wissenschaftlich bewiesen, dass Migränepatienten, die größere Mengen von Magnesium in ihre Ernährung einbauen, seltener Kopfschmerzen haben und zusätzlich hat das Riboflavin einen positiven Einfluss auf den Stoffwechsel von Gehirn- und Muskelzellen, was ebenfalls vor Migräneanfällen schützt.

- *Prävention vor Herz-Kreislauf-Erkrankungen:* Auch hier ist vor allem das Magnesium aus der Quinoa für diesen positiven Effekt verantwortlich. Menschen, die viel Quinoa essen, verbessern oft den Zustand ihres Herz-Kreislauf-Systems. Magnesium hilft bewiesenermaßen dabei, Bluthochdruck zu senken, sowie Herzrhythmusstörungen zu verringern, da es zur Entspannung der Blutgefäße beiträgt.

- *Wirkt als Probiotikum:* Des Weiteren hilft Quinoa bei der Verdauung, beziehungsweise verbessert es den Stoffwechsel. Denn wie bereits im vorherigen Kapitel erwähnt, ernährt es die nützlichen Bakterien unseres Darms und da es so vielseitig ist und leicht zu verdauen, kann der Körper direkt auf die Vitamine und Mineralien, die es enthält, zurückgreifen. Durch die vielen Ballaststoffe wird der Verdauungsprozess erleichtert, die Gesundheit des Darms gefördert und die Bildung von Gallensteinen verhindert.

- *Wirkt reinigend und entschlackend:* Die in Quinoa enthaltene Folsäure und das Vitamin B treiben die Tätigkeit der Leber, die für die Verarbeitung von Giften verantwortlich ist, an. Menschen, die solche Lebensgewohnheiten haben, die sie anfällig für Krebs machen, oder die das Risiko eines hohen Blutdrucks haben, werden häufig dazu angehalten, mehr Vollkornprodukte zu essen. Wenn diese Menschen aber zusätzlich Glutenunverträglichkeiten aufweisen, müssen sie sich von den meisten Vollkornprodukten fernhalten.

Quinoa ist, wie wir bereits wissen, glutenfrei, sodass es jeder ohne Weiteres verzehren kann.

- *Natürlicher Kampf gegen freie Radikale:* Neben dem Magnesium enthält Quinoa noch weitere Antioxidantien wie Zink und Kupfer, die für die Vernichtung freier Radikale, die in unserem Sauerstoff stecken, zuständig sind. Es gibt viele Firmen, die extra für dieses Problem spezielle Nahrungsergänzungsmittel herstellen, da diese besagten freien Radikale krebserregend sind. Aber mit Quinoa kann der Körper diese Enzyme selbst herstellen. Also hilft Quinoa sogar, den Alterungsprozess zu verlangsamen und Krebszellen zu vernichten.

Kapitel 3: Bevor es losgeht

Bei der Zubereitung von Quinoa kann man eigentlich nicht viel falsch machen – das ist auch einer der Gründe, wieso es zu meinen Lieblingsnahrungsmitteln gehört. Es ist in etwa wie mit Gries oder Reis; viel Aufwand braucht es da nicht und es geht außerdem superschnell. Nichts desto trotz gibt es aber doch die ein oder andere Regel bei der Zubereitung von diesem Superfood, die es vor allem Anfängern auf dem Gebiet sehr leicht machen. Zu den Dingen, die man unbedingt beachten sollte, gehören:

- *Gründliches Abwaschen:* Quinoa ist mit einer bitteren Schicht ummantelt, an der ein Stoff namens Saponin die Schuld trägt. Wenn Sie es vor dem Kochen nicht gründlich genug abwaschen (in einem engmaschigen Sieb, damit das Quinoa nicht durchsickert) wird all Ihre Mühe wohl leider umsonst sein. Sie können sich noch so sehr ins Zeug legen – Ihr Essen wird durch die Bitterkeit leider ruiniert sein. Deswegen also als Schritt eins viel Wasser über das Sieb mit dem Quinoa laufen lassen, um diese bittere Schicht loszuwerden und eine leckere Mahlzeit genießen zu können.

- *Geschmack verleihen:* Quinoa wird normalerweise in Wasser gekocht; nichts desto trotz können Sie ihm natürlich zusätzlichen Geschmack verleihen, indem Sie es in verschiedenen Brühen kochen. Dabei kommt jede Brühe in Frage – egal ob Rinder-, Gemüse- oder Geflügelbrühe, je nach Geschmack. Einen ähnlichen Effekt erzielen Sie auch durch die Zugabe von verschiedenen Gewürzen oder getrockneten Kräutern.

Quinoa können Sie selbstverständlich einfach nur kochen, aber um den maximalen Geschmack rauszuholen, empfiehlt es sich, die Körner vorher *anzurösten*. Dazu brauchen Sie nur einen EL eines beliebigen Öls, das Sie in der Pfanne erhitzen und die Körner hineingeben und sie rösten bis sie goldgelb werden. Dieser Vorgang dauert gewöhnlicherweise um die 5 Minuten; achten Sie aber darauf, dass...

Tippen Sie folgenden Link in Ihren Browser um mehr über „Quinoa: Das Kochbuch“ zu erfahren:

bitly.com/quinoakochen

Diese Bücher auf Amazon könnten Ihnen auch gefallen...

Gesunder Darm: Gesundheit beginnt im Darm - Den Ursprung vieler Krankheiten an der Wurzel

5:2 Teilzeit-Diät: Das Kochbuch - Garantiert schnell und bequem Gewicht abnehmen mit 70 leckeren 5:2-Diät Rezepten...

Die Weizenbauch Diät: In 30 Minuten lernen wieso Weizen und Gluten krank und dick macht und wie sie mit einfacher...

Feedback

Danke, dass Sie das Buch *„Couscous - Zum Küssen lecker"* gekauft haben.

Kein Produkt ist perfekt – deshalb bin ich stets darum bemüht die Qualität meiner Bücher zu verbessern, damit der Leser ein bestmögliches Ergebnis erhält. Sind Ihnen Punkte aufgefallen, die verbessert werden könnten? Dann geben Sie mir bitte ein konstruktives Feedback und senden es an:

Katharina.Jung.kdp@gmail.com

Hat Ihnen das Buch gefallen? Dann freue ich mich über eine kurze Rezension auf Amazon. Damit ermöglichen Sie mir in Zukunft noch mehr Menschen zu erreichen und deren Leben zu verbessern. Könnten Sie mir diesen kleinen Gefallen machen?

Dann tippen Sie folgenden Link in die Adressleiste Ihres Browsers:

bit.ly/rvcouscous

Ich würde mich sehr darüber freuen!

Katharina Jung